WARM ODER KALT? WARM!

GERD EGELHOF

WARM ODER KALT? WARM!

GEDICHTE

**Bibliographische Information der Deutschen
Nationalbibliothek**
Die Deutsche Nationalbibliothek verzeichnet diese
Publikation in der Deutschen Nationalbibliografie; detaillierte
bibliografische Daten sind im Internet über
http://dnb.d-nb.de abrufbar.

Alle Rechte liegen beim Autor
Copyright 2008 Gerd Egelhof
Illustrator für Buchcover: Klaus Bräunlinger,
Schwieberdingen
Satz, Umschlaggestaltung, Herstellung und Verlag:
Books on Demand GmbH, Norderstedt
ISBN: 978-3-8370-3193-5

Inhalt

VERMESSENE MESSUNGEN

Der Politiker
wird an seinen Taten gemessen
der Gastwirt
an seinem servierten Essen.
Dabei sind wir manchmal
so vermessen
dass wir vergessen
mit dem angelegten Maß
menschlich zu messen.

ANSICHT EINES EINÄUGIGEN

So lange sein Auge
schöne Frauen erblicket
so lange ihr Lächeln
sein Herz erquicket
so lange mag er
sein Handicap tragen
ohne es zu beklagen.

TISCHREALITÄTEN

Dein Fuß am Tischbein
der angenehm
in mein Hosenbein eintaucht
und meine Wade berührt
ist für mich uninteressant
so lange dein Mann
neben dir sitzt
und ein Auge auf dich hat.

SEIN ESSEN ESSEN

Ich esse mein Essen
du isst dein Essen
er ist sein Essen
sie isst ihr Essen
es isst sein Essen
wir essen unser Essen
ihr esst euer Essen.

Lecker
lecker
lecker.

DAS LEBEN IST KEINE BIENE MAJA

Das Leben ist kein Honigschlecken
wussten schon die alten Schnecken
die am Wegesrande standen
und den Ernst der Lage verkannten.
Bei starkem Verkehr auf den Straßen
kamen sie mit ihren Fühlernasen
keinen Millimeter voran
und mussten
die Sonne konnte
sich nicht abwenden
auf halber Strecke verenden.

DER BURGERPASS

Der Meister des Grills
empfiehlt mir
was ein Spaß
einen schicken Burgerpass.
Bei 12 Stempeln
sagt er
wäre der Kunde
der stets zum Verzehr bereit
vom Bezahlen eines Burgers befreit.

Ich sage
das gibt es
bereits beim Tanken
finde die Idee dennoch toll
und verspreche ihm
»Den mache ich voll.«
Ich lächle ihn an
so strahlend ich kann
ist das mal
ein großzügiger Mann.

DER EUNUCH

Der Eunuch
konnte schreiben
und gut lesen
eine Hexe mit einem Besen
verhalf ihm mit dem guten Stück
zu seinem großen Glück.

Am Königshofe
war er unbeliebt
bei jeder Kammerzofe
und des Königs liebster Mann
denn einer
der nicht kann
ist im Sommer,
Herbst, Winter
und im Lenz
keine Konkurrenz.

Als Hofberichterstatter
und das war sein Glück
bekam er manch
goldenes Stück.
Es brachte ihm
ein Plus auf der Habenseite
und verhinderte
des Königs geistige Pleite.

EIN HAMMERVORSCHLAG

Der Vorschlag
auf dem Rummel
eine Runde
den Lukas zu hauen
war mit dem Hammer
nicht vom Pflock zu weisen.

EIN WEITERER HAMMERVORSCHLAG

Der Vorschlag
auf dem Rummel
in die Schiffschaukel
einzusteigen
war mit der
freundlichen Überreichung
einer Spucktüte
nicht mehr
zu umschiffen.

DES KÖNIGS AUSBLEIBENDE MORGENLATTE

Der vermeintlich Große
hängt lose
in des Königs Unterhose.
Wenn doch das Schlossfräulein käme
auf dass sie ihn liebkose
so hinge er nicht mehr lose
in der majestätischen Unterhose.
In Königshaltung
fände er Aufnahme
im großen Munde
von Kunigunde.

NACHTNEBEL

Dampft es wieder
aus dem Schacht
dann fahr langsam
und gib Acht.

WINTER EINER LIEBE

Der Stein
auf dem wir saßen
als die Sommersonne
uns anlachte.
Alles Eis.

HOLLYWOOD HILLS

Reih' an Reih'
am Hügel stehend
wohl separiert
von den anderen
stehen die Häuser
der Betuchten.

Erhöht
abgeschottet
Alarmanlagen.

BEGIERDE

Die Begierde
an schattigen Tagen
ist kaum zu ertragen.
Wenn die Sonne scheint
und die Libido
es schlecht mit einem meint
bleibt nichts anderes übrig
als auf den nächsten Sommer
zu warten
und die Begierde
neu zu starten.

FRAUENBEINE

Wenn mit Nylonstrümpfen
umhüllte Frauenbeine
aneinander reiben
wollen sie Männer
zum Wahnsinn treiben.
Führt es zum Gelingen
hören die Männer
Erosengelein singen.

PRACHTVOLL

Zwei Erwachsene
laufen durch
die verschneite Landschaft
greifen in die weiße Pracht
hinterlassen Handabdrücke
formen Schneebälle
werfen auf Baumstämme,
Schilder und Bienenkästen.

Wieder Kind sein dürfen
für kurze Augenblicke eintauchen
in die Vergangenheit
unbeschwerter Zeiten
auftanken
für Gegenwart
und Zukunft.

DER ANGLER

Er wirft die Angel aus.
Vielleicht springt
aus des Bächleins Tiefe
ein Fisch
an die Wasseroberfläche.

Nach Stunden
ist es soweit
ein einziger Fisch
ist bereit
sich für des Anglers Mahl
zu opfern.
Ein Lächeln huscht
über des Anglers Gesicht.
Mit einem Fisch als Beute
ist das Soll erfüllt
für heute.

JEDE FRAU MAG BLUMEN

Als er
seinem Mädchen
ein Mädchenauge mitbrachte
war sie bereit
und sie vergaßen
ihren Streit.

DIE GRÜNE BOGENSCHÜTZIN

Die Lotterie
schickt ihre Glücksbotin
ins Rennen.
Die grüne Bogenschützin
mit dem Charme
einer Désirée Nosbusch
ausgestattet
schießt zielgerichtet
den roten Glückspfeil
den Auserkorenen
treffsicher
gegen die Haustüre.

Die Türe öffnen
das Glück annehmen
das Geld auf die Bank bringen
sorgenfrei leben.
Die Bedienungsanleitung
für glückliche Gewinner.

ANSICHTEN

Der Zeitmanager: Ich vertraue Uhr.
Der Humanist: Ich vertraue Ur.
Der Stierkämpfer. Ich vertraue mir und dem Stier.
Der Biertrinker: Ich vertraue mir und meinem Bier.

So hat jeder etwas anderes
dem er vertraut
und Brücken zu anderen baut.

EVOLUTIONSTHEORIE

Mit dem Ramapithecus war Schluss.
Über die Australopithecinen
kam man auf
neue Entwicklungsschienen.
Homo erectus
hieß die neue Erscheinungsform.
Er hatte sein Herz
in Heidelberg verloren
und wurde zum
Homo erectus heidelbergensis
auserkoren.

Als seine Liaison
ein Ende nahm
und es zur Weiterentwicklung kam
wurde sein Wissen
nach Abstechern
in Steinheim und Neandertal
phänomenal.
Homo sapiens
war sein Name
und er hatte
Haus, Hof, Kinder
und eine Dame.

DIE ERDBEERFRAU

Bei Sonnenschein
bei Regen
ihr lockiges Haar
weht im Wind
steht die Schöne
am Straßenrand
und verkauft
die süße Erdbeerlast.

Ein Ignorant
der dabei
nichts Erotisches
denkt.

WENN ICH VON DIR TRÄUME

Wenn ich von dir träume
vergesse ich die Welt
wenn ich von dir träume
gehe ich durch sonnige Täler
wenn ich von dir träume
gibt es keine Tränen mehr
wenn ich von dir träume
weicht die Traurigkeit
wenn ich von dir träume
begleitet Glück meinen Weg.

UNVERGÄNGLICH

Achim und Ulrike
I love Babsi
we two
forever in Love.

Die Liebe mag vergehen.
Die Einkerbungen
an der Eiche
werden bleiben.

SIE LIEBT MICH

Die Frau
die mir täglich Briefe schrieb
sagte mir
sie habe mich lieb.

Von dieser süßen Zeile
euphorisiert
habe ich mir
ein Honigbrot
geschmiert.

ICH FLEHE SIE AN!

»Hätten Sie die Güte
die Nussnougattüte
noch zu halten?
Entschuldigen Sie,
lieber Eismann,
ich komme
so schnell ich kann.
In meinen Armen
befindet sich
Sina Angelius
und sie mag
einen verrückten Kuss
haben.
Halten Sie bitte die Tüte
und schauen Sie weg
alles andere
hat keinen Zweck.

BÜCHERBOOM

Wer liest
weiß mehr
also bitte sehr
gehen Sie an die Bücher ran
damit die Bildungsbuchhaltung
Bildung verbuchen kann.

DER ABSTIEG EINES FLANKENGOTTES

Der Flankengott
spielt seit Wochen Schrott
ob Banane oder normal
seine Flanken sind fatal
zumeist des Keepers sichere Beute
oder für der Tartanbahn Vogelmeute.

KLEINE PHILOSOPHIELEHRE

Der Philosophie bestes Stück
ist die Metaphysik.
Descartes ging
mit dem Dualismus
an den Start
James hingegen
sah in der Prinzipien Vielzahl
alles plural.
Marx
der nächste in der Serie
sah die Wirklichkeit
in der Materie
Spinoza
Gott und die Welt vereinend
sah alles rosa.
Feuerbach
der Gott vergisst
outet sich als Atheist
Leibniz zog
vor der Welt den Hut
für ihn war alles gut
Schopenhauer glaubte
mit zweifelhaftem Recht
die Welt ist schlecht.

BERUFE GIBT'S

Arne, 35 Jahre alt
seit 12 Jahren LKW-Fahrer.
Brumm.
Oli P., 30 Jahre alt
seit 10 Jahren Popstar
Summ.
Boris, 41 Jahre alt
ewiges Tennisidol.
Bumm bumm.
Heidi, 35 Jahre alt
schönstes Fotomodell.
Klum.
Max, der Schreckliche
Filmstar
längst nicht mehr am Leben
stumm.

NICHT BILLIG

Die Sonnenbrille
etwas verbogen
das Kleid
selbst genäht
die Strümpfe
mit Laufmaschen
die Getränke
nicht aus dem Supermarkt
die Gefühle echt.

STRASBOURGER MÄDCHEN

Ihr langes Haar
weht im Frühlingswind.
die Augen sind neugierig
der Blick
eine Mischung
aus verträumt
und hellwach.
Das Handtäschchen
baumelt an den dünnen
schmalen Schultern
die helle Stoffhose
gewährt dem Wind Einlass
plustert sich auf.
Die grünen Espandrillos
sind Vorboten des Sommers.

So schön kann
Strasbourg im Frühling sein.

BESUCH VON MADAME

Entrez, madame!
Trinken Sie mit mir
einen warmen Tee.
Legen Sie
doch Ihren Mantel ab
Ihr Rock ist heute
ziemlich knapp.

Wir können es nicht verschieben
wir werden uns heute lieben.
Ich werde zärtlich sein
und wenn Sie später
nach Hause gehen
werden Sie verstehen.

Madame
kommen Sie
bald wieder
so lange
der weiße Flieder
blüht.

VERSCHÄTZT

»Ist das ein feiner Mensch«,
sagte Frau Gensch.
Etwas später
hatte dieser feine Mensch
sämtliche Ersparnisse
von Frau Gensch.

MANCHMAL IST ALLES SINNLOS

(FREI NACH ANDREAS GRYPHIUS)

Wo heute einer
einen Vorschlag macht
fegt ihn morgen ein anderer
vom Tisch.

Wo sich heute einer
auf einen Stuhl setzt
sägt ihn morgen ein anderer
ab.

Wo heute einer
eine Bewerbung schreibt
landet sie morgen
im Papierkorb.

Wo heute einer
eine Freundin hat
schnappt sie ihm morgen
ein anderer
weg.

RAUCHSCHWADEN

Er rauchte bis in die Morgenstunden
dann war seine Sehnsucht verschwunden
der Rauch stieg auf, in kleinen Ringen
und er fing an zu singen.

Er malte sich die Zukunft aus
träumte von einer süßen Maus
die in sein Leben käme
und ihm die Sehnsucht nähme.

Plötzlich begann sein Kopf zu brennen
er musste schnell ins Bad rennen
drehte den Wasserhahn auf
und nahm dem Schicksal seinen Lauf.

Bei diesem heißen Gedankengut
verließ des Wassers Löschkraft der Mut
das Feuer brach auf's Neue aus
und machte dem Bad den Garaus.

Rauchschwaden stiegen auf
das Schicksal nahm seinen Lauf
Kopf und Bad sind abgebrannt
in der Uhr liegt am Boden Sand.

Seine Zeit war abgelaufen
begrabt ihn am Fuße des Hohenstaufen.

DIE WÜRFEL SIND GEFALLEN

Du hast die Entscheidung getroffen
es gibt für uns kein Zurück
es bleibt für mich zu hoffen
dass ich vergesse
Stück für Stück.

DER NADELSTICH

Ein kleiner
feiner Nadelstich
traf ihn elendiglich.
Er lag nicht
unter einem Tannenbaum
seine Freundin
raubte ihm
den Freiraum.

DER FUSSBALLTRAINER

Der Feldherr
schreitet auf und ab
und schaut
was die
millionenschweren Beine
zu bieten haben.

Macht einer von den Kickern schlapp
lässt er sie mehr Runden traben.

DEN PLATZ GESTÜRMT

Ein Fußballspiel
der Langeweile ergeben
ist erbaut
neue Höhepunkte
zu erleben.
Ein halbnackter Flitzer
eine Amazone
setzt zum Spurt an
läuft in den Platz hinein
hebt den linken Arm
auch das Bein
und skandiert den Namen
von ihrem Lieblingsverein.

Sie begegnet ihrem Helden
des grünen Rasens
ihrem persönlichen VIP
oben mit Fanschal
unten mit Damenslip.
Der begehrte Spieler lächelt
nimmt sie in den Arm
er muss sie nicht mehr wärmen
die Sommersonne
gibt mächtig warm.

Die Dame
gehört nicht zum üblichen
Klientel der Störer
sie ist

weiblicher Männerbetörer.
Da sie schön blond ist
und schlank
denkt der Spieler
dich schickt der Himmel
Gott sei Dank.

Er führt sie
mit Kapitänsbinde
zum Spielfeldrand
lächelt nochmals
und reicht ihr die Hand.
Nachdem er ein Küsschen
erhalten hat
ist er zunächst benommen
dann euphorisiert.

Fünf Minuten später
stürmt er vor
gibt dem Spiel
die Würze
und schießt
das erste Tor.

ABSCHIED VON EINER GROSSEN LIEBE

Halt ihn in den Armen
und mach daraus ein Fest
sei ein letztes Mal seine Carmen
bevor du ihn verlässt.

ALTHERRENTRÄUME

Nochmals ein junges Mädchen haben
sich nochmals an ihren süßen Knospen laben
nochmals diese Jugend spüren
und sich in ihr verlieren.

MÄDCHEN-STABREIM

Mich machen manche Mädchen melancholisch.

NOCH EIN MÄDCHEN-STABREIM

Mich machen manche Mädchen munter.

DIE FRAGE DER FRAGEN

Wie groß soll die Liebe sein?
Umfassend und allgegenwärtig
oder peripher und dosiert?
Die Metzgersfrau an der Wursttheke
fragt schon lange nicht mehr
ob es ein bisschen mehr sein darf.

In der Liebe
ist es gelegentlich
nicht anders.
Es gibt sie in Dosen.
Zerschnippelt, kleingehackt,
eingeschlossen, abgelagert.
Die Suche nach dem Dosenöffner
gestaltet sich
mitunter schwierig.

DIE LIEBE IST EIN SELTSAMES SPIEL

Die Verheißung
mündet in Zurückweisung
und endet in der Entgleisung.

Das Spiel ist aus
man lernt daraus
macht es zukünftig anders
und berichtet es Lilo Wanders.

DER EITLE GALAN

Er steht vor dem Wasserhahn
mit verschiedenen Fläschchen
in der Hand
sein Anliegen ist bekannt.

Er wird sich stylen
und sich beeilen
denn draußen wartet
es ist wirklich wahr
eine große Frauenschar.

DAS MÄDCHEN MIT DER COLADOSE

Den Kopf gesenkt
scheinbar hoffnungslos
bewegt sie ihr Leben
durch die Herbstlandschaft.
Wütend kickt sie
mit dem linken Fuß
gegen eine Coladose
die als Attrappe
für menschliches Unverständnis
die den Entwicklungsprozess
hemmen können
herhalten muss.

Hebe den Kopf
und fang an zu kämpfen.
Es lohnt sich.

WALKING DOWN THE STREET

Den Kopf gerade
Brust raus
aufrecht gehen
und immer an
Samy Molcho denken.

Heute spielen wir
mal wieder
Selbstbewusstsein haben
auch wenn hinter der Fassade
die Leere längst
Einzug gehalten hat.

KEHRWOCHE

Meinen negativen Gefühlen
habe ich eine Kehrwoche verpasst.
Die nächste Ansammlung
dieser Art kann kommen.
Ihre Entsorgung
ist kalendarisch
nicht festgelegt.

DIE SCHLACHT AM KALTEN BÜFFET

Der Dichter
stand am kalten Büffet
der Wirtschaftsboss drängte sich vor
das tat dem Poeten weh
und er fühlte sich wie ein Tor.

Das war die erste Runde
in der zweiten ging es um Charme
und zu vorgerückter Stunde
avancierte der Dichter zum Frauenschwarm.

Der Wirtschaftsboss winkte
mit den Scheinen
er wollte sie mit Geld betören
aber die Frauen
ließen sich nicht stören.

Sie unterhielten sich mit dem Dichter
der Gesprächsthemen fand
interessante und gar viele
über Rilke, Monet, Helmut Schmidt
und kleinere Lichter
und verschiedene Modestile.

Der Wirtschaftsboss fand es nicht gut
und flüchtete in den Suff
er verlor mehr und mehr den Mut
und landete im Puff.

Dort war er
mit seinem Geld willkommen
die Hure zupfte ihn am Stil
wie eine Weihnachtsgans
wurde er ausgenommen
doch davon merkte er nicht viel.

Der Wirtschaftsboss
war hackedicht
und auf seine Art
in diesem Moment
ein armer Wicht.

APFELERNTE

Die Sonne brennt
die Äpfel glänzen
Opa sitzt auf seinem Stuhl
mit seinen 80 Lenzen.

Vater sagt
ich solle helfen
die Säcke zu tragen
und mich plagt
ein voller Magen.

Ich komme mir vor wie Herkules
an jenem Altweibersommertag
und die Arbeit bringt
im Portemonnaie Ertrag.

VOM HONIGTÖPFCHEN

Es bebt und zittert
im Januar
im Februar
im März
im April
den ganzen Jahreskalender.

Die Kunst besteht darin
es im Zaum zu halten
sonst kommt der Mann
zu oft mit seinem edlen Spender.

WER HAT NOCH ZEIT?

Es ist weniger schön geworden
in unserer Gesellschaft
seit wir Urvertrauen
mit h schreiben
und der innere Zeitmanager
uns die Pflege
zwischenmenschlicher Kontakte
erschwert.

SOMMERZEIT

Es ist Sommerzeit, ich bin bereit
ich gehe hinaus in die weite Welt
und schaue mir an, was mir gefällt.

Ich sehe Menschen
an der Sonne sitzen
und schwitzen.
Ich sehe Männerblicke
auf schöne Mädchen schweifen
deren Schönheit sie kaum begreifen.

Ich sehe Liebespaare
beim sich Küssen
bevor sie sich
trennen müssen.
Ich gehe hinaus
in den kränkelnden Wald
was ich dort sehe
lässt mich nicht kalt.

Es ist Sommerzeit
die Temperaturen klettern
ich sehe junge Menschen
mit Skateboards durch die Gegend brettern.
Ich sehe Menschen in Bädern schwimmen
Wasser und Sonne vermögen sie
froh zu stimmen.

Auf alles, was ich sehe
mache ich mir meinen Reim
it is summer summer
summertime.

SWIMMING FOR COMPLIMENTS

Heute schwimmen die Fische synchron
führen an der Wasseroberfläche
einen »Tanz der Einheit« vor.
Die Beobachter am Teichrand
spenden reichlich Applaus.

HIRNAKROBATEN

Der Eskimo sagt
sein Hirn sei vereist.
Der Schüler sagt
sein Hirn sei verreist.
Der Gourmet im Restaurant
gerne tellerweise
Hirnsuppe verspeist.

So hat es ein jeder
mit dem Hirn
jenem Wunderwerk
hinter der Stirn.

BOTSCHAFT AM PFEILER

Der Himmel
wolkenlos
deine Liebe
eine einzige Lüge.
Die Geschichte
dahinter
ein Geheimnis.

MUTTERGLÜCK

Sie gebar
im Frühling, Sommer,
Herbst und Winter
in 10 Jahren
14 Kinder.

Nach dem letzten Kind
legte ihr Mann
ein Veto ein
und sie ließen
das Kinder bekommen
sein.

DIE VOGELPERSPEKTIVE

Ein Vogel der alten Dame
hat einen Vogel
und der ist nicht klein
kommt er zum Käfig geflogen
lässt das Weibchen
ihn nicht rein.

Es ist eifersüchtig
unterstellt ihm
es gehe fremd
dabei ist es treu und tüchtig
und gibt für das Weibchen sein letztes Hemd.

Das Problem ist vorerst
nicht zu lösen
das Männchen steht
auf des Weibchens
Abschussliste
es mimt die Böse
und es rappelt
in der Beziehungskiste.

RUBENSFRAU

Du streckst mir
deinen Po entgegen
dem der große Maler
künstlerisch nicht abgeneigt
gewesen wäre.

Dreh dich bitte um
und zeig mir dein Gesicht.
Rubensfrau,
du bist ein Gedicht.

HABEN UND SEIN

Zwischen Haben und Sein
liegt ein totes Schwein.
Der Metzger hat es geschlachtet
weil es der Kunde gerne isst
das Schwein würde
gerne wieder sein
weil es nicht mehr ist.

ICH WILL DICH PUR

Zu unserem Rendezvous
bat ich dich
Teefilter mitzubringen
da ich sie beim Einkaufen
vergessen hatte.
Du kamst mit einem Päckchen an
Verwendung ohne Halter
einfach, schnell,
volles Aroma
durch Netzstruktur
und Bodenfalte
für feinsten Genuss
stand darauf zu lesen.

Als du mit dem Rücken zu mir
an der Herdplatte stehend
den Tee für uns aufbrühtest
betrachtete ich deine Beine.
Wohl zu kurz
um für einen Laufsteg
in Frage zu kommen.
Für meinen Geschmack
einfach schön
in der Kombination
mit Strümpfen
mit Netzstruktur
halterlos
ein Augenschmaus.

FALSCHER EINDRUCK

Wenn wir innerlich abschalten
weil wir denken
jemand blamiere sich
kann es sein
dass wir nicht sehen können
wie jemand zu sich steht.

HUNGRIG

Ich bin hungrig.
Du auch.
So lass es uns tun.

KEINE HAND FREI

Das Handy in der rechten
den Döner in der linken Hand
steht sie an der Bushaltestelle
und beweist Auffassungsgabe.
Telefonieren und gleichzeitig essen
kann nicht einmal ihr Vater
und er könnte
als Vertreter für Haferflocken
durch den Vorführeffekt
mehr Geld verdienen.

ANLEITUNG ZUM GLÜCKLICHSEIN

Wenn deine Welt einzustürzen droht
dann schmier dir ein fettes Butterbrot
streiche die Butter dick auf die Schnitte
falte die Hände und sag dreimal »Bitte«.

Auf die Butterschicht
kommt eine Prise Salz
dann geh zum Kühlschrank
und hol dir eine Flasche Karamalz.
Wenn das alles geschehen ist
stellst du fest
dass du etwas vermisst.
Das Problem
dass deine Welt
einzustürzen droht
zieht vorüber
und ist mausetot.

HIPPE KRIPPE

Die Biokühe
auf der Winterweide
haben eine hippe Krippe.
Sie stehen voller Stolz
vor dem kleinen Bauwerk
aus massivem Holz.
Der Bauer
hat nicht gespart
und viel Heu
in der Krippe aufbewahrt.
Die Kühe
brauchen Winterspeck
sonst gehen sie
beim Verkauf
nur schleppend weg.

WEIHNACHTLICHE NORMALITÄT

Das Fest der Liebe
steht vor der Türe
und wir nehmen es
zunächst nicht wahr
sperren es aus
beerdigen es mit Konsum.

Wenn die
vorweihnachtliche Hektik
sich legt
und die ersten Weihnachtslieder
aus dem Radio erklingen
kommt Stille über uns
und wir merken
dass wir uns
der inneren Einkehr
zu beugen
ihr zu folgen haben.

Das Leben
erreicht eine
abhanden gekommene Normalität
zurück.
Wir Menschen wünschen uns
gegenseitig schöne Dinge
die kleinen Streitigkeiten
über die richtige Größe
des Weihnachtsbaums
den Tischschmuck

oder den Geschmack der Weihnachtsgans
werden auf liebevolle Art und Weise
ausgetragen.

Die Räume
sind erfüllt von Düften.
Es riecht nach Kerzen,
Tannenzweigen,
feinem Gebäck,
Bratensoße
und mehr.
Draußen fallen
große weiße Schneeflocken
mit der Leichtigkeit von Blütenblättern
auf den Erdboden nieder.
Die Kleinen bauen Schneemänner
mit kohlrabenschwarzen Augen
und Nasen aus Mohrrüben.

Ein Stück Kindheit kehrt zurück
für uns Erwachsene
die es zulassen
wird alles rund und warm.

Wir verlieren uns
in der Sehnsucht
lassen uns verzaubern
vom Glanz der Lichtermeere.
Das Fernsehprogramm
zeigt wahre Größe.
»Der kleine Lord«
mahnt zur Umkehr,

»Die Straße der Ölsardinen«
lässt uns wieder
an die Liebe glauben
und »Alexis Sorbas«
verzückt mit
lebendiger Melancholie.

Menschen
die alt, krank
und alleine sind
spüren die Einsamkeit
noch intensiver.
Die Wärme
des menschlichen Miteinanders
erreicht sie auf Umwegen.
Brückenbauer
holen sie
aus dem Schatten
und nehmen sie mit ins Licht.

Nach drei Tagen
entschwindet
der weihnachtliche Zauber
aus unseren Wohnstuben.
Das Leben
mit all seinen Facetten
geht weiter.
Bis uns Weihnachten
»alle Jahre wieder«
eine alle Sinne
erfüllende Verschnaufpause
zum Geschenk macht.

SO BIST DU, MEINE TRAUMFRAU

Bei deiner Wesensart
und deiner Weiblichkeit
wäre ich gerne
ein Leben lang
zu Gast.

DIE SCHNITTENPARADE

In der Bäckerei
gibt es ein tolles Angebot.
Schnittenparade.
Apfel, Aprikose, Erdbeersahne.
Die Leute kaufen und kaufen.
Da kommt ein Fotograf
und verlangt
»Einmal Schnittenparade, bitte«.
Die Jungverkäuferin
nimmt die Zange zur Hand
und möchte eintüten
da unterbricht der Fotograf sie.
»Nein. Nicht so«, sagt er.
»Ich bitte um Aufstellung.«
Er zückt den Fotoapparat.
Da eilen die anderen Jungverkäuferinnen herbei.
»Bitte lächeln. Schön ist das Leben.«
Die Jungverkäuferinnen lächeln.
So sind junge Schnitten eben.

DER SCHEIN MIT DEN SCHEINEN

Wohl stand
der Wohlstand
auf dem Dachfirst
des neu gebauten Hauses.
Sichtbar anwesend
grinste er sich eins.
Nach außen vertreten
machte er auf seine Umgebung
einen guten Eindruck.
Doch innerlich wusste er
dass er den Banken
und allen Gläubigern gehörte
und die Angabe
mit dem Eigenanteil
durch seinen Hausherrn
um einige Nullen
zu hoch ausfiel.

GEGEN BLENDER IMMUN

Dem größten Armleuchter
liefen sie hinterher.
Wie die Ratten von Hameln.

Ich stellte ihm
zwischen den Zeilen
ein Armutszeugnis aus.

WO BLEIBT DIE HERRSCHAFT, FAHRER?

Der Herrschaftsfahrer
fährt die Herrschaft
zum Rathaus hin
wo sich seine Herrschaft
mit einer anderen Herrschaft
ein neues Heer schafft.

Er wartet im Wagen
liest die Zeitung
hört Musik
telefoniert
erblickt schöne Frauen
schaut auf die Uhr
und denkt
»Wo bleibt er nur?«

Da kommt die Herrschaft
aus dem Rathaus gestürmt.
Sie steigt in den Wagen ein
wirft einen Blick
auf den Terminkalender
im Radio läuft
»Love me tender«
und sagt
»Lieber Kutscher.
Ich muss nun den Karren
aus dem Dreck ziehen.
Fahren Sie mich bitte zu Herrn Hassel.
Ab nach Kassel!«

ES IST NICHT GESAGT ...

dass Menschen
die sich ihren Ängsten stellen
und sie überwinden
schwächer sind
als Menschen
die vermeintlich
gar keine haben.

LEICHT VERBLASSTE THEORIE

Mit viel Bildung
hat man es
im Leben einfacher
hat neulich einer gesagt.
Der Richter
schlägt mit dem Hammer
und die Entscheidung ist vertagt.

LEICHT VERBLASSTE THEORIE II

Mit viel Schönheit
hat man es
im Leben einfacher
hat neulich eine gesagt.
Der Richter
schlägt erneut
mit dem Hammer
und die Entscheidung ist vertagt.

EINE PERSÖNLICHE FRAGE
ZUM UMGANG SEI ERLAUBT

Gehen Sie lieber
unter Menschen
die Menschen mögen
oder unter Menschen
die Menschen
nicht mögen?

Ich gehe lieber
unter Menschen
die Menschen mögen.

Es ist schöner
besser und angenehmer
dort.

DAS VERTRAUEN KOMMT
NICHT SO EINFACH ZURÜCK

Er hat 50 Kondome
auf Vorrat bestellt
und keine mag
mit ihm Liebe machen.
Nachts liegt er im Bett
und träumt von all
den schönen Sachen.

Er ist hübsch und intelligent
doch kein Mann von Welt
und an manchem Ende vom Geld
ist noch etwas Monat übrig.

Er hat Charme
ist manchmal
auch Frauenschwarm
hat noch Chancen
auf das große Glück
doch das Vertrauen
das er einmal hatte
kommt so einfach
nicht zurück.

Die Hoffnung
stirbt zuletzt
er hat seinen Notbehelf
und die Kondome
die 50 Luftballons

mit denen man
Schönes machen kann
verfallen erst 2011.

GESCHENKT

Verständnis erwarte ich nicht
doch wenn es unerwartet kommt
höre ich zu
Satz für Satz
Stück für Stück.

Am Punkt
wo es in Mitleid umschlägt
schlage ich zurück.

WANN?

Wann begreifen
wir endlich
dass Geld
notwendiges Zahlungsmittel ist?

Wann begreifen
wir endlich
dass wir am Geld
niemals
den Wert
eines Menschen
erkennen können?

Wann begreifen
wir endlich
dass Menschen
für Menschen
da sein sollten?

Wann?

MENTALITÄTENWANDEL

Die Mentalitäten
haben sich verschlechtert
und er konnte
sich nicht anpassen.
Er war kein Abzocker.

LIEBE IST MEHR

Liebe ist mehr
als Gleichheit
auf allen Ebenen
mehr als
ständige Begegnung
auf Augenhöhe
mehr als
das Abgleichen
von Standards.

Sie kommt
tief aus dem Herzen
und trägt den anderen
manchmal auch
hin zu sich selbst.

BEDÜRFNISSE

Alle Menschen
aller Nationen
haben Bedürfnisse.
Bedürfnisse
nach Selbsterfüllung
nach Wertschätzung
Bedürfnisse sozialer Art
Sicherheitsbedürfnisse
physiologische Bedürfnisse.

An oberster Stelle
sollten jene stehen
die nichts mit Geld
zu tun haben.
Dadurch kommen
alle Menschen
aller Nationen
dem wahren Glück
ein Stückchen näher.

Weitere Bücher von Gerd Egelhof
bei BOD

»Roman und die Sache mit der Liebe«, Roman,
2004, ISBN 978-3-89906-777-0, 7,80 €

»Reinigendes Gewitter«, Kurzprosa, 2006,
ISBN 978-3-89906-980-3, 7,80 €

»Liebe ohne Ende«, Gedichte, 2006,
ISBN 978-3-89906-922-6, 11,50 €

»Festtage des Lebens«, Gedichte, 2006,
ISBN 978-3-8334-6148-4, 6,50 €

»Leuchtende Sterne«, Gedichte, 2007,
ISBN 978-3-8334-7075-2, 14,80 €

»Frech serviert«, Kurzprosa, 2007,
ISBN 978-3-8334-8410-0, 7,80 €

»Licht am Ende des Tunnels«, Erzählung, 2007,
ISBN 978-3-8334-8411-7, 5 €